MIRACLES
OF CIVILIZATION

不可思议的文明奇迹

郭子林◎主编

石油工业出版社

图书在版编目（CIP）数据

不可思议的文明奇迹 / 郭子林主编. -- 北京：石油工业出版社，2022.3

ISBN 978-7-5183-5037-7

Ⅰ.①不… Ⅱ.①郭… Ⅲ.①名胜古迹－世界－儿童读物 Ⅳ.①K917-49

中国版本图书馆CIP数据核字（2021）第249067号

不可思议的文明奇迹

郭子林　主编

选题策划：日葵图书

策划编辑：王　昕　曹敏睿

文稿撰写：霍晨昕　郑　昊

责任编辑：曹敏睿　付玮婷

特约编辑：程岩峰

责任校对：刘晓雪

装帧设计：周　正

美术编辑：张大伟

出版发行：石油工业出版社

　　　　　（北京安定门外安华里2区1号楼　100011）

　　　　　网　址：www.petropub.com

　　　　　编辑部：（010）64523616　64252031

　　　　　图书营销中心：（010）64523731　64523633

经　　销：全国新华书店

印　　刷：文畅阁印刷有限公司

2022年3月第1版　2024年1月第2次印刷

720×787毫米　开本：1/12　印张：6

字数：90千字

定价：50.00元

前言

你觉得文明是什么？

文明，是人类创造的物质的、制度的和精神的成果的总和。比如，先进的生产生活工具属于物质成果，严谨的政治、法律制度属于制度成果，浪漫的文学艺术作品属于精神成果。

文明奇迹，就是位于文明巅峰的那部分，代表着人类最出色、有趣的创造力。

岁月能消磨古老奇迹的华美外表，却无法掩盖奇迹中伟大创造力的内核！不信你看，大约4500多岁的胡夫金字塔，竟然是个"冰箱"，不仅里面的动物尸体不会腐坏，而且好奇的人们把牛奶放进去，一天后牛奶仍然新鲜。古埃及人到底是怎么做到的，让人不可思议！

还有已经歪歪扭扭，可就是歪而不倒的比萨斜塔。站在塔下不免忐忑，害怕塔真的倒下来。可是几百年过去了，它虽然越来越歪，但就是不倒。这到底是怎么回事？

除了这些，文艺复兴时期的艺术家们用令人瞠目结舌的画作，让普普通通的建筑一跃成为今日的世界文化遗产，就如米开朗琪罗用《创世记》和《最后的审判》装饰的西斯廷教堂，达·芬奇用《最后的晚餐》成就的圣马利亚感恩教堂。

还有许多超乎你想象的文明奇迹，它们既蕴含着精妙的科学技术原理，又拥有美妙的建筑艺术设计，它们更是历史的见证者，用建筑中的文字、绘画、雕刻、文物等方式诉说着过往那吸引人的故事，让我们像个时间旅行者，酷极了！

更重要的是，文明奇迹的魅力使得我们更有信心和动力去面对困难和未知，因为祖辈们在没有先进科技的时代，都能排除千难万险创造奇迹，我们为什么不可以！

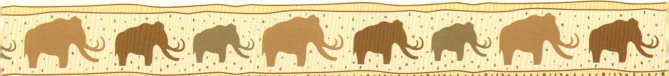

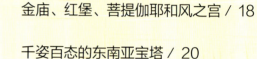

时间都怕金字塔

在几千年前，人类文明还处于"童年"阶段，聪明的祖先就开始琢磨着建造一些神奇又伟大的建筑：古老的巴比伦有空中花园，中国有万里长城，埃及则有金字塔。提起金字塔，埃及人会说："人类惧怕时间，而时间惧怕金字塔。"

⛰ 见证历史的"老寿星"

胡夫金字塔可是个"老寿星"，大约有 4500 多岁了。世界在这几千年里变了无数个模样，很多东西消失在茫茫无际的历史长河里，可金字塔仍然屹立不倒。这是为什么呢？因为方锥形是稳定的建筑结构，同时，金字塔内的空间非常小，几乎是实心建筑。胡夫金字塔由大约 230 万块巨石砌成，所以连猛烈的地震都对它无可奈何。

① 法老胡夫的墓室

④ 通往墓室的大走廊

⑤ 墓室入口

② 底层墓室或迷惑盗墓者的假墓室

③ 向下倾斜的过道

⛰ "刀枪不入"

现在我们住的房子，许多是由钢筋做骨架盖起来的。埃及人造金字塔那会儿可没有钢筋，金字塔是由一块块巨大的石头垒起来的，石头之间的石灰砂浆等黏合剂让金字塔十分牢固。石头表面被打磨得非常光滑，石头之间几乎没有一丝缝隙，即便再锋利的刀刃，也很难插进石头之间。

⛰ 什么？金字塔是"冰箱"？

作为古埃及最高统治者——法老的陵墓，金字塔里存在着不少神秘现象。有人做过试验，将一杯新鲜的牛奶放在里面，24小时后取出，味道依旧鲜美。在塔里高一点的地方，有些小动物的尸体，不仅没有腐坏，反而变成了干尸。金字塔真是防腐保鲜的一把好手，简直是古代的"冰箱"！金字塔对金属也有"治愈"功能，把生锈的刀片放进去，不久之后锈迹就没了，又变得锋利无比。

法老胡夫祖孙三代的金字塔

狮身人面像
雕像的身体如同俯卧的狮子，头部是一个法老头像，一般认为是法老哈夫拉的头像。

⛰ 没了鼻子的狮身人面像

在胡夫金字塔旁边，狮身人面像相当吸引眼球。为什么要造成狮身，好好造一座人像不行吗？这是因为古埃及神话里的斯芬克司长着人的脸、狮子的身体，象征着人与动物结合的超人力量。所以，用它的模样来为法老建雕像恰恰彰显了法老的威严。仔细一看，狮身人面像是没有鼻子的。鼻子怎么丢了？这一直是个谜团，相传是法国将军拿破仑攻打埃及时用炮弹将其炸没了；还有人说是当地人将它从沙土里刨出来的时候，不小心把鼻子刨掉了。

你知道吗
金字塔不是埃及独有的建筑物，类似形状的建筑在非洲的苏丹、中美洲的墨西哥都有。苏丹的金字塔群共有约220座，数量比古埃及金字塔还要多，只是体积比较小，所以又被称为"小金字塔"。

最神秘的法老陵墓

图坦卡蒙可谓史上最神秘的法老。这位古埃及新王国时期第十八王朝的法老，9岁登基，18岁突然神秘死亡，死因至今没有定论。而他那豪华无比的陵墓和墓中骇人的法老诅咒，更增加了他的神秘色彩。

帝王谷背面的神庙

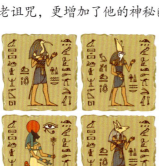

墓中常见的古埃及神灵图案

👁 找到啦

1922年，英国考古学家卡特和助手们发现了图坦卡蒙的墓室。墓室位于鼎鼎大名的帝王谷。数十位法老都将陵墓修建在这里，只不过图坦卡蒙的墓室非常隐蔽，连盗墓者都没有发现它。墓室中有大量精美的陪葬品，更有那句吓人的法老的诅咒。

👁 法老的诅咒

"谁惊扰了法老的安眠，冥神之翼将降临到他的头上。"这句墓室内的咒语似乎应验了，参与挖掘的考古人员接二连三地死去。考古队伍中的卡纳冯勋爵在掀开图坦卡蒙的黄金面罩时，脸被飞虫叮了一下，几天后发烧病逝。此后陆续有考古人员离奇死亡。但卡特本人安然无恙，他猜测死去的人可能感染了陵墓中的特殊细菌。

图坦卡蒙的母亲纳芙蒂蒂是改革宗教的法老阿蒙霍特普四世的王后。

👁 黄金人形棺

图坦卡蒙的法老金棺的精美程度超乎所有人的想象！金棺有8层，自外而内，分别是4层外棺、1层内棺以及3层人形棺，层层护卫法老真身。最让人吃惊的是黄金人形棺，其上雕刻的法老脸庞栩栩如生。法老双手分别持钩杖、连枷。原本钩杖是放牧用的，连枷是打谷子、收庄稼的工具，而法老拿在手里，是他管理农牧业乃至整个国家的权力象征。

神鹰

眼镜蛇

接近图坦卡蒙的真实模样

法老的头巾

钩杖

连枷

① 冥神奥西里斯会主持法老死后是否可以得到永生的审判。

② 壁画中，法老的木乃伊是由长着胡狼头的死神阿努比斯制作的。

图坦卡蒙墓室壁画摹作

③ 审判时，法老的心脏会被放到天平上和真理女神的羽毛比较重量，若心脏不重于羽毛，说明无罪，否则会被怪物吞噬，无法永生。

👁 法老是怎么死的？

金棺里面，图坦卡蒙的木乃伊缠绕着裹尸布，头部赫然有一道伤口。经 X 光检查，头颅中有碎骨，似乎遭受过打击。专家们推测他可能死于谋杀，如果真是如此，那么谁是凶手呢？历史学家们分析，嫌疑人有两个，一个是在图坦卡蒙死后即位的大祭司阿伊，另一个是在阿伊死后登基的霍列姆赫布，他们的作案动机都是谋取王位。

我即将成为不朽传奇！

图坦卡蒙的御座
装饰精美的御座椅背上有图坦卡蒙和王后的画像。二人放松地相对而坐，神情亲密。

不可思议

古埃及人相信人死后会前往冥界，到冥神奥西里斯那里去求永生，只要通过审判，就可以登临天堂。他们认为，完整的尸体是得到永生的关键之一，而制作成木乃伊可以让尸体完整、长期地保存，因此，古埃及人会让他人将自己的尸体制作成木乃伊。

谁惊扰了法老的安眠，冥神之翼将降临到他的头上。

大大的灯塔和神庙

总有些东西，听上去普普通通，可了解后发现真是神奇！你可能以为亚历山大灯塔就是个普通的灯塔，以为阿布·辛拜勒神庙不过是个供奉神明的庙宇，却不知道，它们背后藏着奇妙的设计。

☀ 灯塔上好大的火啊

位于埃及的亚历山大灯塔建造于公元前280—前278年，修建原因据说是一场巨大的海难：夜晚的海面漆黑一片，海员看不清航线，导致触礁沉船。当时的法老极为震惊、哀痛，下令修建了这座灯塔。

那时候可是没有电的，所以它跟我们现代靠电灯来照明的灯塔完全不同，它靠的是火。有人说在灯塔里面有大大的镜子，可以将明亮的火光反射出去，让夜色里漆黑的海面有光的指引。

灯塔想象图

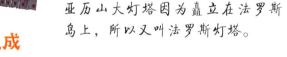

亚历山大灯塔因为矗立在法罗斯岛上，所以又叫法罗斯灯塔。

我驻扎在大灯塔里。

☀ 灯塔的组成

塔基和塔楼是亚历山大灯塔的两大组成部分。塔基的房间里住着工作人员，包括值班人员、气象学家等，他们要保证灯塔火光在夜晚不灭；塔楼的房间可以当储藏室，也可以用来驻扎军队。据说在塔楼周围还有一个奇妙的设计。人们围着塔身修建了许多铜像，不仅有美化灯塔的作用，还是报时器。有的铜像的手一直追着太阳，太阳落山后，手自动垂下。不过这些都停留在传说里，因为灯塔最终毁于一次大地震。

☀ 太阳在固定时间跑进来

冥神　拉美西斯二世

太阳神阿蒙　造物神

阿布·辛拜勒神庙坐落在埃及的阿斯旺城南面。这个神庙有个非常奇特的太阳节奇观。每年的2月21日和10月21日，太阳的光芒会从神庙大门进入，照射在神庙最里面的神像上。2月21日恰好是拉美西斯二世的生日；10月21日是神庙奠基的日子。当初的设计师绞尽脑汁，运用了古老的星象学、地理学、物理学等知识才算准了位置，好让每年的这个时候，太阳都能够照耀神像。

除了阿蒙，长着鹰隼头的拉也是太阳神。

你知道吗

现在，阿布·辛拜勒神庙举办太阳节的时间推迟了一天，这是因为埃及和苏丹政府决定修建阿斯旺大坝，由此形成的巨大湖泊将淹没阿布·辛拜勒神庙。为保存这一珍贵文化遗产，两国政府在联合国教科文组织的建议和帮助下，招募了一支专业队伍为神庙搬家，将其移到了高出湖泊水位60余米的山上。尽管经过科学严谨的计算，但还是有了一天的误差。

阿布·辛拜勒神庙

☀ 擅长宣传造势的法老

在阿布·辛拜勒神庙里，有许多壁画都在宣传拉美西斯二世的丰功伟绩。拉美西斯二世前半生四处打仗，打过赫梯帝国、叙利亚和巴勒斯坦，进军过利比亚和努比亚。要不是古埃及的海军力量弱，他大概会打到地中海的北岸去。据说阿布·辛拜勒神庙的功能之一就是震慑努比亚。而他的后半生，就是在搞宣传。怎么搞？修建筑。他下令重修了卡纳克神庙、卢克索神庙，并在帝王谷修建了奢华的陵墓。

巴比伦和波斯的辉煌

波斯现称伊朗，历史悠久。

古老的遗迹之所以迷人，有一部分原因，是它们藏着那个时代人们对天堂的想象。天堂什么样？在巴比伦人心中，天堂是高高在上的，像巴比伦的空中花园；在波斯人心中，天堂是一片绿洲，像一座花园。

空中花园，好像悬在空中

传说公元前6世纪，新巴比伦国王尼布甲尼撒二世为了安慰思乡致病的王妃，建造了空中花园。也有人提出空中花园是亚述王西拿基立建造的。空中花园是一座立体花园，建造在一座平台上。花园里种植着各种花草树木，每天都有奴隶不停歇地推动着齿轮来进行灌溉。远远望去，这座花园好像悬在半空中，所以才有了空中花园的名字。

空中花园立体想象图

因为历史学家对空中花园有不同的记载，所以后世的人绘制了不同的想象图。

油画《巴别塔》

通往天堂的路

在《圣经》故事里，挪亚的子孙动工建造了一座直插云霄的高塔，名叫巴别塔。上帝见到人类不再相信和敬畏他，反而想一步登天，就让人类张口说出不同的语言，令他们无法沟通，巴别塔就这样夭折了！在现实里，新巴比伦国王尼布甲尼撒二世建造的巴比伦通天塔，被一些人认为是巴别塔的原型。这座塔如今只剩下一片废墟。

🦁 天堂里的花园

设拉子天堂花园是伊朗古老的波斯花园。花园主要由猎园和天堂乐园组成，前者是当时的皇族们狩猎的地方；后者则是波斯人脑海中天堂的样子，它被茂密的树木、花丛紧紧环抱，中心有象征天堂的水池。在干旱的设拉子，有水池的美景就是天堂。每个人心中天堂的模样都不一样，而波斯人心中的天堂是清凉、静谧的。

设拉子天堂花园

伊朗的狮子咬牛臀浮雕

波斯奥克苏斯双轮战车模型

谢赫·卢图福拉清真寺

这座清真寺位于伊玛目广场东部，拥有华丽的圆顶，建造之初是皇室的私人清真寺，如今对公众开放。

🦁 广场把伊朗有名的建筑连了起来

位于伊朗中部的城市伊斯法罕，因伊玛目广场而闻名世界。这座建造于 17 世纪的广场，是当时的波斯皇帝阿巴斯一世用来阅兵、看马球、行刑和举行庆典的地方。广场东部和南部各有一座清真寺，西边是阿巴斯一世及其后妃曾经居住的阿里卡普宫，北边是盖塞尔伊耶希集市。

曾经的我们很繁华

那些簇拥的石块、高大粗壮的圆柱、尘土覆盖的神庙，一副残破的样子。可谁能想得到，它们曾经是那么繁华，也像今天的大都市一样，车马喧闹，人来人往，孩子们能在街边买到零食，大人们能买到美丽的衣裳。

代尔修道院是佩特拉古城最大的石凿建筑。

🐪 岩石雕出的一座玫瑰色的城

在约旦南部的沙漠里，穿过不过几米宽的西克峡谷，就能看到一座依山而建的古城，名叫佩特拉。佩特拉，是岩石的意思。名字没有取错，这座有宫殿、陵墓、剧场、寺院、浴场、民宅的古老城池，真的是用整块的岩石雕琢而成的。这里曾经非常繁华，是陆路贸易往来的枢纽。当海上贸易兴起之后，这里也就逐渐衰败了。佩特拉还有一个很美的名字：玫瑰城。因为这里的岩石泛着微微的珊瑚红色，在朝阳和晚霞的照射下，又会变成玫瑰色。

佩特拉古城中心的卡兹尼神殿据说就是《阿里巴巴与四十大盗》里要说"芝麻开门"才能进入的宝库的原型。

🐪 黄沙下刨出来的杰拉什

杰拉什古城地处约旦，却是一座古罗马风格的城池。这要从公元前64年说起。当时古罗马著名将军庞培带兵攻占了这个地方，按照古罗马风格重新修建了这座城市。这里有露天剧场，可以容纳约5000名观众观看演出；有哈德良凯旋门，是为了迎接罗马皇帝哈德良而特地修建的。

露天剧场古遗址

罗马帝国衰败之后，这座古城也跟着消亡，后来经过多次强烈地震，彻底被黄沙掩埋在地下。要不是19世纪被一个旅行家偶然发现，这座辉煌的古城就要长埋地下了。

大马士革倭马亚清真寺

到处都是古迹的大马士革

被誉为"古迹之城"的叙利亚首都大马士革，大约建于公元前 14 世纪，7—8 世纪为阿拉伯帝国倭马亚王朝的首都。这里有名的大街直街，曾经是古罗马时期该城的主要街道；历史悠久的大马士革倭马亚清真寺，西边是古罗马朱庇特（对应古希腊的宙斯）神庙的遗址；还有建成于 1155 年的努尔丁医院，如今已成为医学博物馆。

"最美的东方女人"和她的梦想

在如今叙利亚境内古老的丝绸之路上，有一座兴建于公元前 1 世纪的帕尔米拉古城。它曾是女王芝诺比娅最宏伟的梦想。芝诺比娅，被人们誉为"最美的东方女人"。她趁着古罗马帝国陷入内政混乱和外敌入侵的双重旋涡时，扩充军队，控制了整个叙利亚，并且还想继续扩张，成为新的中东霸主。可惜只过了几年的黄金岁月，帕尔米拉帝国就遭到了古罗马的毁灭性打击。

帕尔米拉古城遗址

你知道吗

芝诺比娅这个敢和罗马帝国抗争的女人，她的结局扑朔迷离。她战败后，被罗马军队用金子做成的锁链锁着带回了罗马，据说最后罗马人砍掉了她的头。不过也有乐观一点的版本，说罗马皇帝放过了她，并将其软禁在一座别墅里直至死亡。

女王芝诺比娅

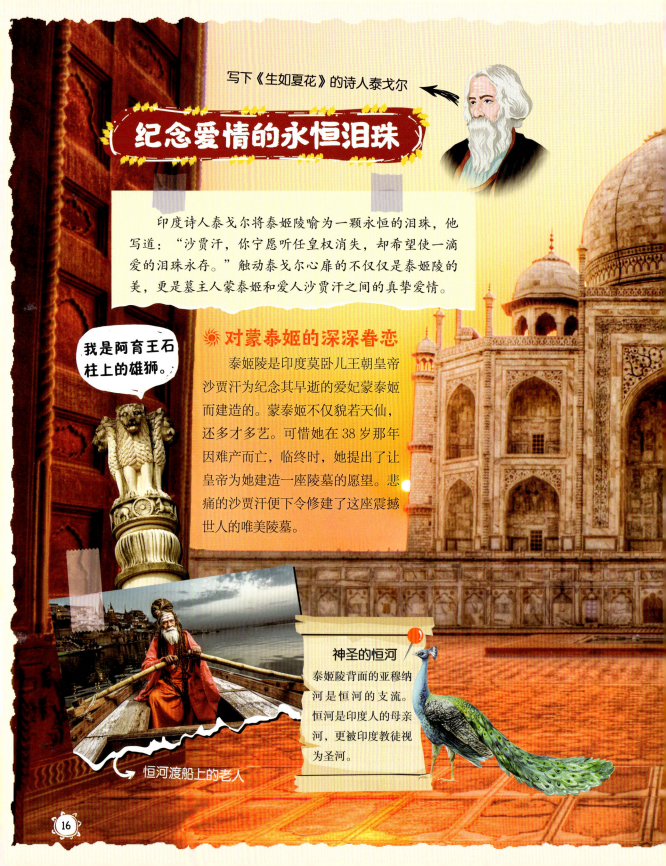

写下《生如夏花》的诗人泰戈尔

纪念爱情的永恒泪珠

印度诗人泰戈尔将泰姬陵喻为一颗永恒的泪珠，他写道："沙贾汗，你宁愿听任皇权消失，却希望使一滴爱的泪珠永存。"触动泰戈尔心扉的不仅仅是泰姬陵的美，更是墓主人蒙泰姬和爱人沙贾汗之间的真挚爱情。

我是阿育王石柱上的雄狮。

☀ 对蒙泰姬的深深眷恋

泰姬陵是印度莫卧儿王朝皇帝沙贾汗为纪念其早逝的爱妃蒙泰姬而建造的。蒙泰姬不仅貌若天仙，还多才多艺。可惜她在 38 岁那年因难产而亡，临终时，她提出了让皇帝为她建造一座陵墓的愿望。悲痛的沙贾汗便下令修建了这座震撼世人的唯美陵墓。

神圣的恒河

泰姬陵背面的亚穆纳河是恒河的支流。恒河是印度人的母亲河，更被印度教徒视为圣河。

恒河渡船上的老人

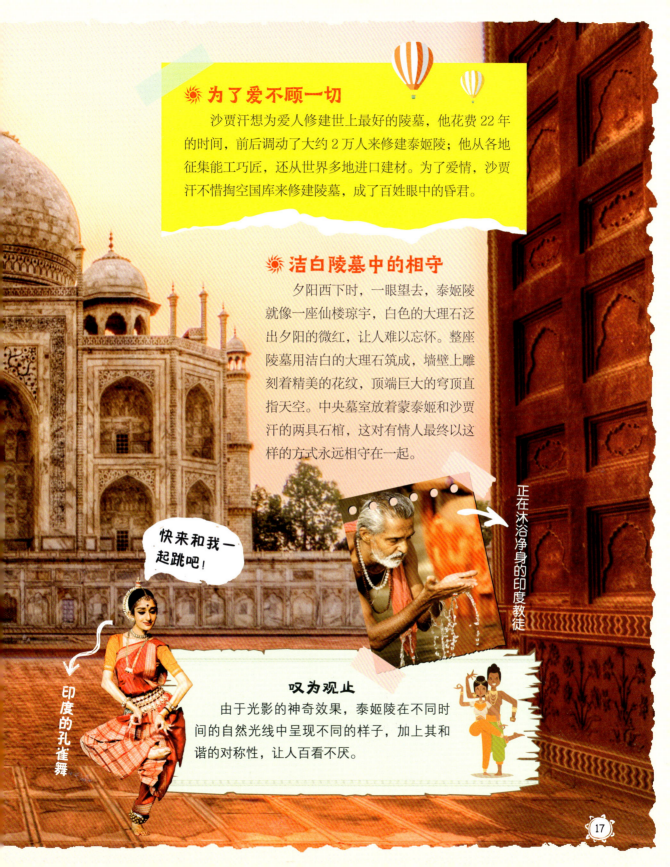

☀ 为了爱不顾一切

沙贾汗想为爱人修建世上最好的陵墓，他花费22年的时间，前后调动了大约2万人来修建泰姬陵；他从各地征集能工巧匠，还从世界多地进口建材。为了爱情，沙贾汗不惜掏空国库来修建陵墓，成了百姓眼中的昏君。

☀ 洁白陵墓中的相守

夕阳西下时，一眼望去，泰姬陵就像一座仙楼琼宇，白色的大理石泛出夕阳的微红，让人难以忘怀。整座陵墓用洁白的大理石筑成，墙壁上雕刻着精美的花纹，顶端巨大的穹顶直指天空。中央墓室放着蒙泰姬和沙贾汗的两具石棺，这对有情人最终以这样的方式永远相守在一起。

快来和我一起跳吧！

正在沐浴净身的印度教徒

印度的孔雀舞

叹为观止

由于光影的神奇效果，泰姬陵在不同时间的自然光线中呈现不同的样子，加上其和谐的对称性，让人百看不厌。

金庙、红堡、菩提伽耶和风之宫

印度是世界四大文明古国之一，但是有关古印度文明的文字记载却相对有限。人们想要探寻古印度文明，难度不小。幸好在印度有很多寺庙和王朝宫殿得以保存，它们也成了一张张名片，向我们诉说着古印度历代王朝的兴衰和历史的变迁。

阿姆利则金庙

阿姆利则金庙

印度阿姆利则市的金庙，是几经重建后于19世纪大修时，用黄金、铜材重塑了庙墙而得名的。阿姆利则是锡克教的圣地。锡克教第四代祖师罗姆·达斯曾经修建过一座水池，名为阿姆利则，意为"花蜜池塘"，成了这座城市的名字。第五代祖师阿尔琼在此主持建造了金庙。金庙有自己的规矩：所有访客必须脱鞋，要赤脚从门口的水池蹚过，绕庙一周，以示对锡克教宗师的尊敬；无论男女老幼，都不能光着头，要么戴帽，要么包裹头巾。

德里红堡

在印度德里，有着悠久历史的红堡也是印度的一张名片。这座城堡用红褐色的砂岩建造而成，故名红堡。传说是莫卧儿王朝皇帝沙贾汗因为蒙泰姬逝世，在故都阿格拉触景伤情而迁都德里后，仿照阿格拉城堡的设计建造的。红堡由厚重的城墙和护城河保卫，城堡内的建筑包括公众厅、私人厅以及专供皇帝使用的冉玛哈勒宫等。

德里红堡因其大规模的红褐色砂岩围墙而得名。

◎ 菩提伽耶

菩提伽耶是佛教的诞生地。"菩提"是"智慧"的意思，"菩提伽耶"便是"智慧之地"。据佛教的经典记载，释迦牟尼降服了内心的贪嗔痴心魔，在菩提伽耶的一棵菩提树下悟道成佛。菩提伽耶是印度佛教四大圣地之一，中国古代的高僧法显和玄奘曾先后造访这里。菩提伽耶的摩诃菩提寺在 2002 年被列为世界文化遗产。

摩诃菩提寺的菩提大塔内供奉着金色的释迦牟尼等身像。

◎ 风之宫

印度的斋浦尔是一座富有诗意的城市。全城可见大片的粉红色，屋顶、墙壁，甚至连女性的纱衣也偏爱粉红色。就连最有特色的地标建筑风之宫，也是一座粉红色砂岩建筑，这座五层建筑远看像是一个精致的"大蜂巢"。1799 年，当地王公在建造它时，考虑到当时的女士不宜抛头露面，为了让她们可以观看城市的日常生活和节日游行，才有此设计。在它顶层的一端可以看到简塔·曼塔天文台和壮观的城市宫殿，另一端可以看到大型市集。

风之宫

风之宫有 953 扇窗户，与其说是宫殿，它更像一堵墙，当遇到狂风时，就需要有人打开窗户，以避免宫殿被吹倒。

千姿百态的东南亚宝塔

东南亚的历史与文化和佛教紧密相连，在历代教众和王公贵族的提倡和实践之下，修建佛塔蔚然成风。佛塔用于供奉佛骨舍利、佛陀头发、佛像、佛经等，佛塔中汇聚了雕塑、壁画等大量艺术珍品，堪称东南亚的艺术宝库。

许多僧人在仰光大金塔这里修行。

仰光大金塔

"万塔佛国"缅甸的象征之一正是仰光大金塔，又称瑞大光塔，这是世界上最昂贵的一座佛塔。仰光大金塔始建于公元前585年，塔内供奉有释迦牟尼佛的8根头发。后来经过不断修缮，大金塔才成为今天的样子，像一个倒扣的巨钟，

塔身贴满了金箔，四周挂着1400多个金、银材质的风铃，风吹铃响，清脆悦耳，远播四方。塔顶则全部用纯金铸成，上面嵌有上千颗红宝石、翡翠、金刚石，使整座金塔宝光闪烁，雄伟壮观。

你知道吗

缅甸蒲甘古城在历史上号称"四百万宝塔城"，如今仍保留了2200多座大小佛塔，吸引着全球游人。而乘坐热气球升空，俯瞰万塔林立，是蒲甘最著名的旅游项目。搭乘热气球升空后，林立的大小佛塔就在脚下，热气球在空中转一圈，就可以从各个角度饱览万塔古城的风光。

婆罗浮屠

在印度尼西亚爪哇岛，有一处举世闻名的佛教艺术古建筑——婆罗浮屠。"婆罗浮屠"意译为"千佛坛"。就目前的发现来看，没有明确的文字记载婆罗浮屠的建造情况。通过比较浮屠塔基的浮雕和王室族谱的铭文，人们可以估算出婆罗浮屠建造于公元8—9世纪。后来因为火山爆发、地震，婆罗浮屠下沉，隐藏在茂密的热带丛林中，直到19世纪初才被清理、发掘出来。

婆罗浮屠

吴哥城的佛塔会微笑

在柬埔寨吴哥城中央，有一座壮观的巴戎寺，环绕其中央尖塔的是大大小小49座宝塔。而每座塔的顶部都雕刻着象征国王的四面佛，它们从塔尖微笑着俯瞰四周，代表至上的王权。这些佛像虽然都在微笑，但表情各异，安详中藏着几分神秘。

四面佛的面容恬静，嘴角微微翘起，仿佛有一种魔力，让你的心灵平静、满足。如果说达·芬奇笔下蒙娜丽莎的微笑是世界上最神秘的女性笑容，那么吴哥城工匠雕刻的四面佛的微笑则称得上是世界上最神秘的男性笑容。

"高棉的微笑"
四面佛的微笑被誉为"高棉的微笑"，据说是工匠们按照柬埔寨国王阇耶跋摩七世的笑容雕刻的。

感受北京的皇家风范

北京有着近1000年的建都史，历史上的元、明、清三代都定都于此。故宫、颐和园等地常年游人如织，人们在朱红色的宫墙间探访着这座历史文化名城的旧日时光，美轮美奂的建筑也在向人们诉说着这座城市的皇家风范。

🏮 故宫

故宫的宫殿建筑是中国现存最大、最完整的古代建筑群。一条中轴线贯穿整个故宫，三大殿、后三宫、御花园都在其上。此外，故宫内还对称分布着许多殿宇。这些宫殿可分为外朝和内廷：外朝以太和殿、中和殿、保和殿三大殿为中心，衬以文华殿、武英殿为两翼；内廷以乾清宫、交泰殿、坤宁宫为中心，东西六宫为两翼，布局严谨又不失秩序。

太和殿

太和殿是故宫最为庄严富丽的大殿，是中国现存最大的木结构大殿，也是百姓俗称的皇帝坐朝的金銮殿。

🏮 天坛

天坛始建于明朝，清代时有过两次大型重修和改建。它是明、清两代帝王祭天和祈求五谷丰登的地方。天坛有内外坛，坛墙南方北圆，象征着天圆地方。主体建筑之一祈年殿是砖木结构，建造时未用一枚铁钉却十分牢固。祈年殿由28根金丝楠木大柱支撑，柱子环转排列：中央4根"龙井柱"，象征春夏秋冬四季；中层12根"金柱"略细，象征一年的12个月；外层12根"檐柱"，象征一天的12个时辰。

祈年殿的琉璃瓦非常漂亮，深蓝的颜色是蓝天的象征。

🏮 颐和园

皇家园林往往富丽堂皇，与江南小巧别致的私家园林差异极大。但是在北京西郊的颐和园却不同，它以昆明湖、万寿山为基址，以杭州西湖为蓝本，吸取了江南园林的建造手法，是一座名副其实的山水园林。此园最早为帝王行宫花园，1750 年，当时的乾隆皇帝为庆祝孝圣皇太后的六十大寿，动用了 440 多万两白银改建成清漪园。1860 年，清漪园被英法联军焚毁。1888 年，重建后的清漪园改称颐和园，成为皇室消夏游乐的地方。

颐和园的石舫、十七孔桥等建筑美极了！

明十三陵之长陵

你知道吗

明十三陵是明朝迁都北京之后的 13 位皇帝长眠的地方，已开放的景点有长陵、定陵、昭陵、神路。其中的定陵是皇帝朱翊钧（年号万历）的陵墓。它也是十三陵中唯一一座被挖掘了的陵墓，定陵地宫可供游人参观。

🏮 圆明园

圆明园这座清朝著名的皇家园林，有"万园之园"之称。每到盛夏时节，清朝皇室都会来这里理政。圆明园始建于 1709 年，是康熙帝赐给尚未即位的雍正帝的园林。1722 年雍正帝即位后，增建了圆明园，后来的乾隆帝又增建了长春园，将绮春园并入，圆明三园的格局基本形成。而令人遗憾的是，圆明园于 1860 年遭英法联军焚毁，如今仅余断壁残垣。

守卫华夏的兵士与长城

　　"不到长城非好汉！"长城是属于中华民族的独特文化符号，它熔铸在每一个华夏儿女的血液中。每到国家、民族生死存亡的关头，人们都会用长城的雄壮、紧密联结来激励人心。古代陵墓蕴藏了中华民族的重要历史和文化信息。许多大型墓葬都有人俑陪葬，虽材质不一，形态各异，但他们都在护卫着墓主，或在另一个世界继续开疆拓土。陪葬人俑中最为有名的，自然是秦始皇陵东面陪葬坑中的兵马俑。

威武雄壮的兵马俑军阵

　　"前不见古人，后不见来者"，走进秦始皇陵兵马俑展厅，你一定会对这支2000多年前的地下大军惊叹不已，深受震撼。他们披坚执锐，军容严整，军士俑、立射俑、跪射俑、武士俑、军吏俑、骑士俑……威武雄壮的军阵，再现了秦始皇当年为完成统一大业而展现出的军功和军威。他们会带你穿越时空，进入那金戈铁马、战鼓擂擂的鏖战风云。

　　法国前总统希拉克曾于1978年参观后说："世界上有七大奇迹，兵马俑的发现，可以说是第八大奇迹了。不看兵马俑不算到过中国！"因此，"世界第八大奇迹"的名声不胫而走。

秦始皇陵兵马俑

兵马俑起初是彩绘的，但有的彩绘脱落了，有的因遇到空气被氧化而变成了灰色。

不可思议

　　1974年3月29日，陕西省骊山脚下的西杨村又热闹起来，一年一度的打井工程开始了。可是，刚进行不久，当村民杨志发的镢头再抡下去又扬起来的瞬间，一块陶片出土了，周围人发出惊呼"瓦盆爷"！历史被定格在了这一刻，秦始皇陵兵马俑军阵的第一块陶片就这样出土了。

气势磅礴的万里长城

　　在遥远的春秋战国时代，一些诸侯国为了防御外敌入侵，开始修筑烽火台，并且利用城墙连接，从而形成了最早的长城。历史上规模最大的修建是在秦朝。秦始皇动用了占当时全国总人口二十分之一的近百万人修筑。在崇山峻岭的环境下，他们没有先进机械，仅靠人力完成了这项浩大的工程。此后，几乎历朝历代都有加固增修，明朝最盛。

　　万里长城规模宏伟、气势磅礴，令人惊叹！而工程的艰巨与防患的重大意义，更令人感慨。这座非凡的建筑遗迹凝聚着中国人的智慧、毅力，象征着中华民族坚不可摧的力量，是中华儿女的骄傲。

蜿蜒的万里长城已经成为中华民族的象征。

石头上的千年画卷

今天的我们已经难以想象，千年以前，古代的工匠们会在石山岩壁上开凿石窟、雕刻佛像、描绘壁画，建造出宏伟的石窟寺院。身处石窟中，站在巨大而庄严的佛像前，看着满是壁画的墙壁，内心不禁会涌出无比的敬畏之情。

《乐舞图》

莫高窟《阿弥陀经变之乐舞图》中，旋转舞蹈的天女活灵活现，两旁的演奏者也栩栩如生。

敦煌莫高窟

大名鼎鼎的敦煌莫高窟是目前中国规模最大的石窟群，现存735个洞窟，其中，洞内有壁画和雕塑的共492窟。第一个洞窟的开凿要追溯到东晋十六国的前秦时期。366年，乐僔和尚云游至此，突然看到敦煌三危山的山顶放射出万道金光，光芒中闪烁着万尊佛菩萨影像。颇受震撼的乐僔和尚便在此开凿了洞窟。此后，人们陆续开凿，才形成了莫高窟今天的壮观景象。

莫高窟九层楼

龙门石窟

位于河南省洛阳城南的龙门石窟始凿于北魏孝文帝迁都洛阳前后，之后又大规模营造达400余年之久，现存佛洞、佛龛共2000多个。龙门石窟最有名的佛像叫卢舍那大佛，是释迦牟尼佛的报身佛。佛像高约17米，面容圆润，嘴角露出祥和的笑意，被西方人称作"东方的蒙娜丽莎"。

卢舍那大佛

东崖大佛　　　　金刚力士

麦积山石窟

在甘肃省天水市麦积山的悬崖峭壁上，古人们凿刻出了一个绝壁上的佛国——麦积山石窟。这里是古代石窟工程中最为艰险的一处，古人凌空飞架栈道，在约200米宽的绝壁上开凿了约200个窟龛，最高的石窟距离地面的高度超过了80米，凿刻石窟的工匠们真是冒着生命危险在创作。其中最宏伟的第四窟，俗称"散花楼"。洞窟两侧的金刚力士造于北宋时期，身高4米多，孔武有力，双目怒视，似乎在震慑妖魔鬼怪。

你知道吗

敦煌莫高窟、龙门石窟、麦积山石窟和云冈石窟并称为"中国四大石窟"。除此之外，重庆大足石刻、云南石钟山石窟、新疆克孜尔千佛洞等也是位列全国重点文物保护单位的石窟遗产，这些都是祖辈们留给我们的宝贵文化遗产。

云冈石窟

位于山西省大同市的云冈石窟距今已有1500多年的历史。大同是北魏旧都，这里的石窟多数完成于北魏迁都洛阳之前。云冈石窟现存主要洞窟约50个，佛龛1100多个，大小造像5万余尊。最早的石窟是由北魏高僧昙曜奉旨开凿的5个大石窟，每个石窟中央都雕刻了高大庄严的佛菩萨像。云冈石窟最有名的大佛像就是这5尊佛菩萨像中的露天大佛。露天大佛高约17米，站在大佛面前仰望，场面非常震撼。

云冈石窟露天大佛

云冈石窟里低眉含笑、安详宁静的佛陀像。

这里有功夫高手吗

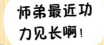

少林、武当、峨眉……一提起这些名字，就很容易联想起武侠小说中的那些武林门派。那么，在现实中，这些地方有传说中的功夫高手吗？让我们来一探究竟吧！

"天下第一名刹"少林寺

被誉为"天下第一名刹"的嵩山少林寺以少林武术和禅宗祖庭闻名于世。南北朝时期，印度高僧达摩来到少林寺弘扬禅宗。除了禅宗心法，达摩祖师还传授了《易筋经》，这部书被后世武侠小说夸张为武学宝典，实际上记载的是强身健体的养生功法。但小说中提到的少林七十二绝技确实是硬功夫，金钟罩、铁布衫、一指禅、铁砂掌等都是现实中七十二绝技的功夫。少林武功是由历史上许多武术家不断完善形成的。如今，少林寺里有很多功夫高僧，还有许多人慕名去那里求学。

师弟最近功力见长啊！

少林寺古建筑

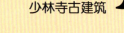

武当山最高峰上的紫金城

太极祖庭武当山

在武侠小说中，武当派是和少林派地位相当的名门大派。现实中，位于湖北省西北部的武当山是著名的太极祖庭。相传，张三丰就是在这里看到喜鹊和蛇搏斗的场景，仔细领悟，创造了以静制动、以柔克刚的武当功夫，成为太极宗师。如今，武当山上隐居着功夫高深的道长，但他们练武是为了修身养性，而不是克敌制胜。作为道教名山，武当山上还有紫霄宫、龙泉观、紫金城等许多宫观殿宇，这些宫观修建在交通不便的高山上，可见古人建筑技艺的精湛。

峨眉金顶

峨眉金顶是峨眉山的最高处，上面坐落着华藏寺，庄严的普贤菩萨金像和略显可爱的白象雕塑令人印象深刻。

普贤菩萨的白象坐骑像

峨眉派的发源地——峨眉山

现实中的峨眉派可不像小说中那般只有清一色的女性门人，而是以男性门人居多的武术门派。早在战国时期，隐居于此的司徒玄空就模仿灵猴的姿态，创出峨眉通臂拳，自此开创了峨眉武学。经过宋代白云禅师等人的发展壮大，形成了支派众多的峨眉派。峨眉派深受佛家文化的影响，峨眉山是佛教中普贤菩萨的道场，因而寺院众多。

不可思议

距峨眉山 40 多千米的乐山大佛是目前世界上最大的坐姿佛像。这尊大佛是一尊弥勒佛坐像，依据山形，在岩石上雕琢而成。如此巨大壮观的佛像，是唐朝的海通和尚祈愿弥勒佛保佑来往船只平安而四处筹措资金，请工匠建造的。海通和尚去世后，当地官员继续带领工匠开凿，最终完成了这一壮举。

世界屋脊上的奇迹

海拔 4000 米以上的青藏高原是一片神秘而辽阔的土地。在这么高的地方，矗立着规模宏大的布达拉宫、金碧辉煌的大昭寺，让人误以为来到了雪域天堂。

🪷 世界屋脊上的明珠

被誉为"世界屋脊上的明珠"的布达拉宫，是当今世界上海拔最高的宫殿式建筑群。它始建于公元 7 世纪，是吐蕃赞普松赞干布为迎娶唐朝文成公主而修筑的王宫。吐蕃王朝解体后，这里就废弃了。直到 1645 年，当时的西藏统治者阿旺罗桑嘉措在原址上重建宫殿，后经过长期扩建和修缮，形成了红宫居中、白宫横贯两翼的恢宏格局。

布达拉宫是一座艺术宝库，里面收藏有许多精美的文物，包括珍贵的佛像、佛经、灵塔、法螺、金刚杵等佛教宝物，清代雍正、乾隆等皇帝的御笔牌匾，绘有藏文化传统图案的瓷器、玉器、金银器物，藏族特色的壁画、唐卡画等。

布达拉宫收藏的银质龙柄僧帽壶

布达拉宫广场上的这座过街式白塔立在道路中间，行人可以穿过。

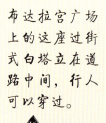

布达拉宫

由于历史上西藏地区政教合一的特殊制度，布达拉宫既是一座宫殿，也是藏传佛教的神圣之地。

拉萨也有关帝庙

藏族同胞也崇敬关老爷！在布达拉宫西面约1000米处有座磨盘山，山上有座名为"关帝格萨拉康"的关帝庙。这座庙是1792年由清朝将军福康安主持修建的。当时，尼泊尔境内的廓尔喀势力侵扰西藏，清政府派福康安率军入藏，击退了敌人，之后便建起了这座关帝庙。关帝庙中供奉着手捋美髯的关羽塑像，旁边是藏族民间传说中的英雄格萨尔王的塑像。史诗《格萨尔王传》就讲述了这位藏族英雄除暴安良的故事。

格萨尔王　　　　　关羽

我每天都在大昭寺屋檐下看日出。

先有大昭寺，后有拉萨城

大昭寺是松赞干布下令修建的，藏地流传着"先有大昭寺，后有拉萨城"的说法，因为大昭寺不仅修建时间早，而且位于拉萨市老城区的中心位置。以大昭寺为中心，有三个环形：环大昭寺内中心的佛殿一圈称为"囊廓"，佛殿里供奉着由文成公主从长安带来的释迦牟尼佛十二岁等身像；环大昭寺外墙一圈称为"八廓"，寺外的街道就叫"八廓街"；再往外，将布达拉宫、药王山、小昭寺包括进来的一大圈称为"林廓"。

大昭寺

你知道吗

641年，文成公主从长安出发前往吐蕃。她给吐蕃带去了中原先进的生产工具、医疗器械、蔬菜种子以及经史、历算等典籍，还带去了纺织、制陶、酿酒、造纸等技术工匠，促进了吐蕃地区经济文化的发展。

动漫里常见的日本古建筑

日本动画和漫画合称日本动漫，它凭借有趣的情节、鲜明的民族特色，吸引了大量的观众。日本的古建筑常常会作为背景出现在动漫作品中，比如金阁寺出现在《聪明的一休》中，姬路城出现在《织田信奈的野望》中，伏见稻荷大社出现在《稻荷恋之歌》中……它们是日本特色的文化遗产，下面就让我们一起去看看吧！

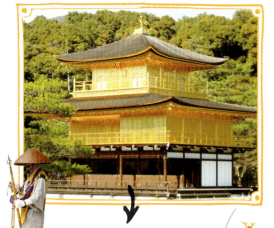

金阁寺的二层和三层贴满了金箔。

《聪明的一休》中的金阁寺

作为世界文化遗产的金阁寺，是动画片《聪明的一休》中常常出现的建筑。动画片里的金阁寺主人——幕府将军足利义满总是喜欢和一休比拼智力，结果没少自讨苦吃。这座禅宗临济宗的寺院在1950年被人纵火焚毁，于1955年被重新修建起来。有人觉得金阁寺像一艘硕大的木船，而下面的碧波春水，则推动着这艘宝船缓缓而行。日本还有座银阁寺，和金阁寺遥相呼应。

如同白鹭的姬路城

姬路城是一座古城堡，它有着白色的外墙和蜿蜒的屋檐，从远处看就像一只展翅欲飞的白鹭，所以又被称为"白鹭城"。姬路城在1993年被列为世界文化遗产，因为它被保存得极为完好，有"日本第一名城"的美誉，所以很多动漫把它作为背景，更有不少电视剧和电影在这里进行外景拍摄。姬路城由中心的大天守阁、三座小天守阁和其他建筑组合而成，在设计上复杂精巧，独具匠心。

用于防御的城堡竟被修筑得如此美丽！

你知道吗

创建于公元 6 世纪的严岛神社，主要供奉着日本传说中的三位海洋女神。神社的大部分建筑被日本政府定为国宝，内部也收藏了许多国宝级的珍品。而神社矗立于海中的大鸟居（即神社的大门）更是日本重要的文化遗产。涨潮时，游人可以看到严岛神社好像浮在海上一样。

严岛神社的大鸟居

有狐狸出没的神社

要说日本京都地区香火最盛、最古老的神社，当然要数伏见稻荷大社，它主要是祀奉以宇迦之御魂神为首的诸位稻荷神——稻荷神是日本神道教中掌管农业与商业的神明。香客前来祭拜，多半是祈求保佑五谷丰登和生意兴隆。走过神社主殿，后面便是千本鸟居，略微褪色的暗红牌坊和光鲜耀人的朱色牌坊紧密交织，在午后阳光的照射下，掩映着斑驳的光影，显得格外壮观，给人以视觉震撼。在神社里，人们还能见到稻荷神的使者——狐狸的石像，它们也在终日守护着神明。

千本鸟居

伏见稻荷大社

作为日本稻荷神社的总社，伏见稻荷大社香火鼎盛，建筑气派，朱红色的鲜亮色彩也让人眼前一亮。

欧亚十字路口的奇迹

因为横跨欧亚两个大洲，土耳其被称为"欧亚十字路口"。它曾经是奥斯曼帝国，强大到让东罗马帝国灭亡。文明在这里交汇与融合，所以在土耳其，不仅能看到欧洲风格的建筑，还能看到伊斯兰风格的建筑，如托普卡珀宫。

极负盛名的大圆顶

这座位于土耳其伊斯坦布尔的圣索菲亚大教堂，拥有极负盛名的圆顶。圆顶的正下方没有柱子支撑，却能够屹立不倒，这在公元6世纪时是个不可思议的设计。古代的建筑设计师们为此挖空心思，终于设计出帆拱这样的建筑形式，让巨大圆顶的重量分散给了教堂的4根承重支柱，不必再增添支柱。设计师们同时还在圆顶周围凿出了40个半拱形的天窗，来继续分散重量。这不仅让圆顶看上去轻盈，还有曼妙的天光洒入。

圣索菲亚大教堂

内姆鲁特山陵墓遗址

你好！

我是和神握手的国王

土耳其的内姆鲁特山本来平平无奇，却因为在山上发现了一座宏伟的陵墓而闻名四方。这个陵墓的主人，是科默金国王安梯奥彻斯一世，一个政治上没什么功绩，却特别自大的人。约公元前69年，国王开始让人在山顶上用石头堆砌人工山顶作为自己的陵墓，同时，他还修建了大范围的雕塑来彰显自己的伟大。更有趣的是，他在雕塑上描绘了自己和宙斯、阿波罗等天神握手会面的场景，就这样让自己"位列仙班"了。

土耳其的"故宫"

到中国一定要去故宫博物院，去土耳其一定要去托普卡珀宫。托普卡珀宫已经 500 多岁了，在奥斯曼帝国时是苏丹（伊斯兰国家世袭君主的称号）的皇宫，有约 30 位苏丹在这里居住过。在这里，除了能看到土耳其的国宝之外，还能看到大量的中国珍宝，尤其是瓷器，有 1 万多件，人们称它是"中国陶瓷的宝库"。

托普卡珀宫的大门

摩索拉斯陵墓想象图

叹为观止

土耳其还有一座曾经震惊世界的奇迹——摩索拉斯陵墓。虽然它如今只剩下一些残破的石头，但考古学家仍然推测出了它的原貌：它的面积约为 1200 平方米，高约 42 米，相当于一座 14 层的大楼，在最高处还雕刻了 4 匹马拉着的一辆古代战车。这是卡里亚帝国（今土耳其境内）国王摩索拉斯的陵墓。

只剩几根柱础的神庙

土耳其的阿耳忒弥斯神庙遗址，是人类文明遗址中最简陋的遗址之一，只剩下几根柱础。即便如此，它还是位列"古代七大奇迹"之一。当年这座神庙十分庞大，它约建于公元前 600 年，有 127 根高约 20 米的大理石柱，大约 6 层楼那么高。根据史料记载，神庙的雕刻秀丽精美，却在公元前 356 年被一个叫黑若斯达特斯的小伙子一把火烧毁了，重建后又被哥特族破坏。小伙子为什么烧神庙？他说，想让自己的名字留在历史上。这太疯狂了，但他做到了——遗臭万年。

阿耳忒弥斯神庙想象图

35

牛头怪迷宫和消失的神像

历史就是这么有趣，几千年前消失的东西，却能被列入世界奇迹。因为它们只是曾经存在过，就已经足够耀眼。就像在神话里交织出的古希腊文明，神的故事和人类历史经常纠缠在一起，人类的很多伟大建筑、雕塑，即便它们已经消失了，却因为神话故事而时时被提及。

古希腊勇士

困住牛怪的迷宫

在古希腊神话里，米诺斯迷宫中困着半人半牛的吃人怪物。米诺斯是克里特的国王，他因为得罪了海神波塞冬，而招致这样一个怪物的降临。为了不让怪物伤人，米诺斯只好建起一座迷宫，把它困在最深处。人们一直以为米诺斯迷宫只是神话传说，没想到在19世纪末，考古学家竟然真的在克里特挖掘出了这座迷宫的遗址。当然了，里面没有怪物，是国王米诺斯为自己修建的豪华宫殿。但它有一些容易让人迷路的设计，堪称迷宫。

《公牛之舞》
这幅迷宫壁画中，一个人握着牛角控制住公牛，另一个人灵巧地从牛背上翻越过去。

神像不见了

公元前5世纪，雅典为了纪念其战胜了波斯侵略者，建造了一座庞大的帕提侬神庙，里面供奉的是女神雅典娜。她是智慧女神和战争女神，当时的雅典人相信，这场胜利是她运用她的神力帮助雅典人获得的。神庙里面曾有一尊高约12米的雅典娜雕像，是用价值连城的象牙和黄金雕成的。据说仅仅是她的长裙就消耗了1000多千克的黄金。但她早已不见了！后来一直不知去向。

富有美感的帕提侬神庙

🐎 巨大的宙斯像

奥林匹亚宙斯巨像想象图

在古希腊奥林匹亚城，曾经有一尊巨大的宙斯神像。当古希腊建筑师菲迪亚斯打造它的时候，无论是在高度上还是在用料上，都做到了极致。据记载，它有四层楼那么高，主体是木质，裸露在外面的部分贴了象牙，衣服则覆盖了黄金，底座包金，镶嵌着各种宝石。它的右手握着由象牙和黄金打造的胜利女神像，左手的权杖汇聚了各种昂贵的金属，看起来光亮亮的。

古希腊主要神灵

神使赫尔墨斯　光明之神阿波罗　众神之王宙斯　战神阿瑞斯

冥王哈德斯　智慧女神雅典娜　海神波塞冬　爱神阿芙洛狄忒

罗得岛太阳神巨像想象图

🐎 它的手指比人还高

公元前305年，马其顿王国派大军攻打罗得岛，以为能轻松拿下这个希腊小岛。谁知道岛上的居民团结一心，苦苦斗争，最终将马其顿大军赶走。为了纪念这次胜利，居民们铸成了一座巨大的神像——罗得岛太阳神像。据说，这座神像的一根手指比人还高，粗到一个成年人都抱不住它；巨大的脚掌内部可以当洞窟住人。它站在罗得岛的港口，活脱脱一个巨型守护神。只可惜，神像只守护了小岛56年，就被大地震震倒了。

罗马假日看奇迹

罗马，现在是意大利的首都，但回首过往的历史，它曾是强大的古罗马帝国的都城，被称为"永恒之城"。这座城市保留了许多古老文明的痕迹——可以许愿的泉水、可以看到各种神像的神庙……它的名字本身，就是文明奇迹。

⭐ "罗马人的乐园"

罗马竞技场是出了名的暴力与血腥的代表，因为这里曾是人和野兽、人和人搏斗，且必须以一方死亡为终结的角斗舞台。为什么要修建这么残酷的地方呢？这要问问韦帕芗。韦帕芗是暴君尼禄自杀后罗马新的帝王，他想让受够了尼禄剥削的罗马百姓有点乐子，就下令修建了这座巨大的竞技场，一个被罗马诗人喻为"罗马人的乐园"的暴力之地。

残酷的罗马竞技场

万神庙内景想象图

万神庙的地基、墙和穹顶是用火山灰水泥制成的。

🛡 供奉众神的万神庙

万神庙是供奉着古罗马神祇的地方。它原本是由古罗马帝国第一位皇帝屋大维的女婿阿格里帕建造的，因为一场大火，被烧得只剩下一个长方形的柱廊。现在的万神庙是从公元120年起重建的。后来，这里又成了埋葬名人骸骨的地方，著名画家拉斐尔就长眠于此。

⭐ 快来许个愿吧

屋大维的女婿阿格里帕最著名的功绩，就是修好了罗马的供水系统。传说他在找水源的时候，遇到一位少女说不远处有个泉眼，这才有了后来罗马的整个供水系统。这个泉眼就位于现在的特莱维喷泉。但它更有名的名字是许愿泉。据说最初很多人想回到鼎盛时期的古罗马帝国，就来喷泉许愿回到盛世王朝。后来传说不断演变，人们认为，不论你有什么愿望向喷泉许愿都能达成。许愿泉旁的雕像是神话中的初代海神俄刻阿诺斯。

许愿泉和俄刻阿诺斯像

波塞冬是更有名的新一代海神。

别怕，去寻找你的天堂。

⭐ 天使来过的地方

古罗马帝国有五位皇帝合称"五贤帝"，因为他们为古罗马帝国带来了近 100 年的和平与安定，哈德良就是其中一位。哈德良为自己修了一座宏伟的陵墓——哈德良陵墓。但现在它不叫这个名字，而叫圣天使堡。

圣天使堡

公元 6 世纪，罗马暴发了瘟疫，人们说这一定是上帝降罪了，所以就举行了盛大的忏悔游行。队伍到了哈德良陵墓的时候，教皇说他看到了天使长米迦勒正在天空舞剑，于是哈德良陵墓就有了圣天使堡的名字。

圣天使堡前的雕像

你知道吗

米迦勒是《圣经》里的人物，他是上帝特别指定的伊甸园的守护者，也是唯一有"天使长"这个头衔的天使。在上帝与撒旦大战的时候，米迦勒奋力与撒旦及其部队对抗，最终将其击败，成功守护了上帝的统治权，是个不折不扣的战神。

追寻文艺复兴的光影

14—16世纪的欧洲，兴起了一场轰轰烈烈的思想文化运动，史称"文艺复兴"。意大利佛罗伦萨、威尼斯等城市就是这场运动的发祥地，也是当时欧洲的艺术中心。许多文学家、艺术家都在这里扎堆，比如，大名鼎鼎的但丁、达·芬奇、米开朗琪罗、拉斐尔等。在浓厚的文艺氛围里，这里的建筑也都"文艺"了起来。

艺术在这里扎堆了

世界上的教堂太多了，但像佛罗伦萨圣母百花大教堂这样妩媚的绝对罕见。它的外墙用红、白、绿三色花岗岩贴面，优雅、自由，难怪叫"百花"。后来米开朗琪罗还依照它设计了圣彼得大教堂。后人为了纪念他，特地修建了米开朗琪罗广场。广场的选址是一块高地，站在上面可以看到佛罗伦萨的全貌。要看米开朗琪罗的作品，佛罗伦萨的乌菲齐美术馆是个好去处。这里还珍藏着波提切利、拉斐尔等文艺复兴时期伟大艺术家的作品。

这座城市几乎没有汽车

文艺复兴时期，威尼斯诞生了自己的艺术体系，包括"威尼斯画派"，代表人物有画家乔尔乔涅、提香；还有威尼斯哥特式建筑，比如，大名鼎鼎的圣马可大教堂。不过最让人记忆深刻的，是它"水上城市"的特点。威尼斯由118座岛屿和177条水道组成。这里的房子一出门就是水，去哪儿都靠船，汽车很少被用到，是一座几乎没有汽车的城市。

圣母百花大教堂的中央穹顶很别致。

水城威尼斯的美景

你们当中有人要出卖我。

他怎么会知道?

是谁呢?

《最后的晚餐》

这是耶稣和他的门徒们共进的最后一顿晚餐,当晚耶稣就被抓走了,是门徒犹大为了钱出卖了他的行踪。

会设计飞行器的达·芬奇

🏛 来看《最后的晚餐》

位于意大利米兰的圣马利亚感恩教堂,是文艺复兴时期的明星建筑,主要原因是达·芬奇的名画《最后的晚餐》就绘在这座教堂的墙壁上。画中,达·芬奇运用透视法来构图,让整个房间都成了画作的延伸部分。这样一来,所有进入大厅看画的人,仿佛都是这顿晚餐的参与者。

物理学家伽利略在这里做过著名的自由落体实验。

🏛 斜而不倒的比萨斜塔

看到比萨斜塔的人往往会想:它不会倒吧?建造它的人是故意修成这样的吗?其实,这纯粹是个意外!起初,人们只是要建一座笔直的钟塔,谁知道动工几年后,塔身开始倾斜了。原来,塔基的土壤比较特殊,是由粉质沉淀物和软软的黏土混合而成的,所以很松,以致塔身倾斜。但人们不断修正补救,调整砖石之间的黏合度,巧妙地让塔斜而不倒。

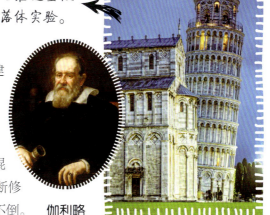

伽利略

文明奇迹在巴黎

法国巴黎以浪漫之都闻名于世。漫步巴黎，你会见到塞纳河畔的卢浮宫博物馆、埃菲尔铁塔和巴黎圣母院，还可以去郊外逛逛凡尔赛宫。你能从这些富有特色的建筑中感受到法兰西的浪漫之美。

我是爱与美的女神。

"万宝之宫"卢浮宫

卢浮宫博物馆曾是法国的王宫，是法国国王和王后居住的地方，法国大革命后成了博物馆。庭院里矗立的玻璃金字塔，是建筑师贝聿铭的代表作。卢浮宫博物馆珍藏着来自世界各地的珍品，断臂的维纳斯、无头的胜利女神像、露出神秘微笑的蒙娜丽莎，是这座博物馆的镇馆之宝。这座馆藏数量超过 40 万件的博物馆，是名副其实的"万宝之宫"。

《蒙娜丽莎》

我的手臂呢？

曾经最高的埃菲尔铁塔

建成于 1889 年的埃菲尔铁塔是巴黎的象征，也是工业时代的象征。它是当时世界上最高的建筑，塔高约 300 米，仅用了两年多的时间便建成。你知道吗，起初很多习惯了传统风格的法国人并不觉得铁塔很美，看得久了才逐渐接受。

Paris

你知道吗

巴黎的凯旋门是世界上最大也最有名气的凯旋门。它是拿破仑在打败奥地利的军队后下令建造的，于 1806 年兴建，几经波折后在 1836 年落成。它最初叫雄狮凯旋门，是用来纪念法军的赫赫战功的。凯旋门的总高度约 50 米，相当于 17 层楼那么高，非常有气势。

皇后约瑟芬

拿破仑

罗马教皇庇护七世

《拿破仑一世加冕大典》

❧ "石头的交响乐"巴黎圣母院

法国作家雨果的长篇小说《巴黎圣母院》让这座始建于 1163 年的古老圣母院名扬四海。整座圣母院的墙壁、屋顶等都是用石头雕砌而成的，雕饰华丽精美，被雨果喻为"石头的交响乐"。拿破仑 1804 年的加冕典礼就是在这里举办的。

名画《自由引导人民》描绘的法国七月革命就是小说《巴黎圣母院》的创作背景。

凡尔赛宫

路易十四曾说："朕即国家。"他想通过气派的凡尔赛宫向人们炫耀，自己统治的王朝辉煌万丈。

路易十四雕像

france

❧ 恢宏的凡尔赛宫

凡尔赛宫是巴黎郊外的著名宫殿，是法国国王路易十四下令在一座行宫的基础上修建起来的。凡尔赛宫建有许多奢华的建筑，装饰富丽堂皇。金光璀璨的装饰加上栩栩如生的壁画，给观赏者营造了一场心灵的震撼。凡尔赛宫在 19 世纪被修复改造为历史博物馆，让大众得以感受它的壮美。

最能代表英国的文明奇迹

提到英国，你会想到什么？是推动了世界物质文明发展的工业革命？还是在位时间最长的英国女王伊丽莎白二世？没错，还有大英博物馆、英国议会大厦等许多文明奇迹。认识它们，才是认识英国的第一步。

"富可敌国"的博物馆

大英博物馆和法国卢浮宫博物馆、美国大都会艺术博物馆、俄罗斯艾尔米塔什博物馆并称为"世界四大博物馆"，收藏着世界各地的珍贵文物。那大英博物馆里究竟有多少文物？800多万件！假如24小时不睡觉去看这些藏品的图片，1秒看1张，也要连续看上3个多月。它们的总价值大概相当于一个中等国家的国民财富，真可谓"富可敌国"。

大英博物馆

这座大楼一半扎在了河里

英国有一座大楼，一半建在陆地上，一半建在泰晤士河里，这就是著名的英国议会大厦——威斯敏斯特宫。最初，它是英国国王的宫殿，始建于11世纪。1840年起，英国人在宫殿旧址上扩建出了现在的议会大厦。扩建是个浩大而艰难的工程，为了保证有足够的空间，工人们在泰晤士河里打下了地基，才有了现在的议会大厦。

名叫刘易斯棋子的国际象棋棋子是大英博物馆的著名藏品。

英国议会大厦和大本钟

☕ 现在还是王室的家

维多利亚女王纪念碑顶端的胜利女神金像

英国是君主立宪制国家，到现在都还保有王室。王室成员住在哪儿呢？白金汉宫。白金汉宫在18世纪建成，那时候叫白金汉府，是白金汉公爵约翰·谢菲尔德的府邸。几十年后，当时的国王乔治三世买下了白金汉府，当作礼物送给王后夏洛特。1837年，维多利亚女王登基，白金汉府正式成为王室宫殿，一直到现在。

少女时代的维多利亚

白金汉宫与故宫、白宫、凡尔赛宫、克里姆林宫并称"世界五大名宫"。

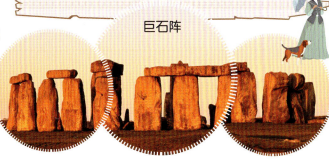

☕ 外星人摆的石头阵？

位于英国伦敦西南的索尔兹伯里平原上，有一个公元前4000—前2000年留下的巨石阵。巨石阵是由约百根巨石柱围成的一个圆圈。这些石头是怎么搬来的呢？这个谜题到现在都没有解开。科学家们经过研究发现，这些石头都来自几十千米以外的地方，或许是用雪橇之类的东西拖运来的。但得多大的雪橇，用多少人，才能拖动几十吨的石头，简直难以想象！甚至有人觉得，这肯定是外星人留下的遗迹。

不可思议

巨石阵的作用至今仍是未解之谜。有人推测它是远古人类进行祭祀的神庙。巧妙的是，某些角度的石头连成一线，指向的分别是夏至日出和冬至日落的方向，于是有人叫它太阳神庙。

巨石阵

童话里的城堡

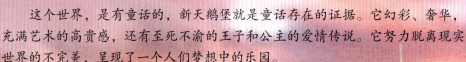

这个世界，是有童话的，新天鹅堡就是童话存在的证据。它幻彩、奢华，充满艺术的高贵感，还有至死不渝的王子和公主的爱情传说。它努力脱离现实世界的不完美，呈现了一个人们梦想中的乐园。

它是灰姑娘的"家"呀

德国新天鹅堡，是迪士尼电影《灰姑娘》中灰姑娘居住的城堡，也是迪士尼乐园睡美人城堡的原型。修建这座城堡的初衷是为德国作曲家瓦格纳的童话歌剧《罗恩格林》塑造一个背景，让勇敢的天鹅骑士罗恩格林和美丽公主阿丽萨的动人故事能在这里上演。因为太过梦幻，这座建造于19世纪晚期的城堡，被赋予了"童话城堡"的美誉。

建造它的人活得并不快乐

新天鹅堡看上去华丽又浪漫，但它的建造者德国巴伐利亚国王路德维希二世过得并不快乐。尽管身为国王，路德维希二世却讨厌政治和战争，非常热爱艺术。继承王位之后，他开始修建新天鹅堡，心里想着：如果不能挣脱国王这个枷锁，那就亲手造一个世外桃源吧，让我心爱的童话歌剧在这里完美上演！

奢华浪漫的童话城堡

新天鹅堡凝聚着路德维希二世的全部梦想，所以注定是奢华浪漫的。城堡中一共有 360 个房间，在装饰精美的房间里，日用品、壁画用天鹅图案、雕塑装饰，就连水龙头都是镀银的天鹅。宫殿里有一支巨大的灯架，用镀金的黄铜打造，可以同时点燃 96 支烛光，看上去就像一顶高贵又庞大的王冠。城堡从里到外，俨然就是童话本身。

有情人未必能终成眷属。

一辈子都没有结婚

路德维希二世终身未婚，据说是因为他心里一直痴情于茜茜公主，不想和别的女人结婚。茜茜公主是路德维希二世的表姑妈，虽然辈分不一样，年纪却和路德维希二世差不了几岁。她个性洒脱，不喜欢束缚，简直和路德维希二世一模一样。传说二人有过热切的恋爱，却最终迫于政治原因分开，茜茜公主嫁给了奥地利年轻的国王弗兰茨。路德维希二世此后也有过婚约，却莫名解除了。

不可思议

新天鹅堡的生活用水来自一个 200 米高的山谷，里面有巨大的蓄水池。水从蓄水池中汩汩流出，形成了天然的水压，可以让天鹅堡的顶层都实现用水自由。天鹅堡的取暖设备也很先进，厨房内侧有锅炉房，不断地输送暖风到各个房间。在最冷的时候，每个房间的暖炉也会烧起来，以保证室内温暖舒适。

原来西班牙有这么多古迹

西班牙真是个了不起的国家，截至2021年，它有世界遗产共49项，在数量上位居世界第三，仅次于意大利（58项）和中国（56项）。这也难怪，西班牙是曾经的海上强国、欧洲霸主，世界遗产自然不会少。

🐂 1万年前的野生动物什么样？

西班牙有个阿尔塔米拉洞窟，里面"住着"1万年前的野生动物，像是野牛、野马、驯鹿、猛犸象等。它们有的站着，有的在奔跑，有的在吼叫，有的静静地卧在地上……整个洞窟幽深曲折，这些动物就集中在洞窟的入口处。当然，它们不是活着的，但也不是化石，而是1万年前的人类画在洞窟里的壁画。是的，虽然在1万年前先祖们或许还不知道什么是"艺术"，但绘画这种艺术创作形式已经存在了。这些画非常逼真，色彩也很鲜艳。古老的人类用经过加工的动物血、动物油脂、矿物质和土壤进行绘画，让这些画历经上万年不褪色。

这头野牛可能生病或受伤了，身体蜷缩在一起。

洞窟中的公牛画

虽然在1万年前的人类世界中，最主要的生活、生产工具都是些粗糙的石头，但他们已经能画出栩栩如生的动物了。

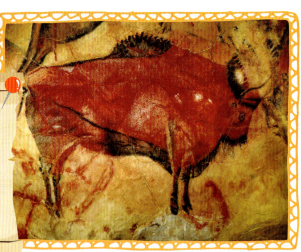

不可思议

很难想象，阿尔塔米拉洞窟壁画的发现者，竟然是一个年仅4岁的小女孩。这个小女孩跟随身为考古学家的父亲来到洞窟里。大人们忙着收集里面的原始工具，她则拿着一根蜡烛爬进了一个洞口探险。谁知道一进去，就看到一头野牛正瞪着她看，她吓得大哭。大人们赶来安抚，才发现吓着小女孩的原来是野牛壁画。

在西班牙的土地上，原始人爱画牛，现代人爱斗牛。

西班牙的"红色城堡"

阿尔汗布拉宫的狮庭

在西班牙一个叫格拉纳达的城市里，有一座建在山上的宫殿，叫阿尔汗布拉宫。阿尔汗布拉，在阿拉伯语中是红色的意思。据说宫殿的设计师从夕阳的红色光芒里获得了灵感，把整个宫殿的外部涂成了温暖的落日红色，所以它还有个名字："红色城堡"。

其实用城堡来称呼它更准确，因为它的防御设施齐全：城堡外面建有防御塔，里面几乎所有宫殿后面都有炮楼。所以它既是王宫，也是军事要塞，这是和许多宫殿不同的地方。

阿尔汗布拉宫的桃金娘中庭

弗拉明戈舞与斗牛并称
西班牙的两大国粹。

我是国王腓力二世。

住在宫殿里，也是住在修道院里

西班牙的埃斯科里亚尔建筑群，融宫殿、修道院、图书馆于一体，是个与众不同的地方。它的建造者是生活在400多年前的西班牙国王腓力二世。他是个性情复杂的国王，一方面他打起仗来特别勇猛，另一方面又内向到有社交恐惧症。他修建这座建筑群的目的之一，就是远离人群，最好不要看到大臣们，每天只和修士们在一起，虔诚地修行。这座庞大的宫殿是由花岗岩堆砌起来的，外墙被打磨得特别平滑，外部找不到华丽的装饰，就那么灰扑扑地站着，被有的建筑师称为"建筑噩梦"。

埃斯科里亚尔建筑群

高迪的奇幻世界

西班牙的巴塞罗那是地中海岸边一座让人留恋的城市，素有"伊比利亚半岛的明珠"之称。巴塞罗那人最引以为傲的是现代建筑大师安东尼奥·高迪设计的杰作，他们甚至将巴塞罗那称为"高迪之城"。

不可思议的大教堂

你能想象有一幢建筑盖了130多年还没盖完吗？虽然仍在建设，但圣家族大教堂已经成了世界文化遗产。高迪认为："直线属于人类，而曲线归于上帝。"秉承这一理念的圣家族大教堂，完全摒弃了直线和平面设计，以螺旋、锥形、双曲线、抛物线等设计手法，组合成充满韵律感、动感的奇妙建筑。

西班牙

梦幻的奎尔公园
公园修建于1900—1914年，由高迪设计，如今成为著名旅游景点和世界文化遗产。

逛公园去喽

你一定没有去过类似奎尔公园这样充满童话色彩的公园。这里到处是五彩缤纷的马赛克设计和波浪式的曲线设计，一看就是高迪的杰作。公园门口的小屋子是模仿童话里的糖果屋修建的；公园里有个巨型蜥蜴雕塑，被称为"高迪龙"，蜥蜴雕塑的身上是马赛克拼接成的水波般的图案，充满奇幻色彩。

望见公园门口的奇幻屋顶像是来到了童话里。

夜晚烟花烂漫的童话公园格外美丽。

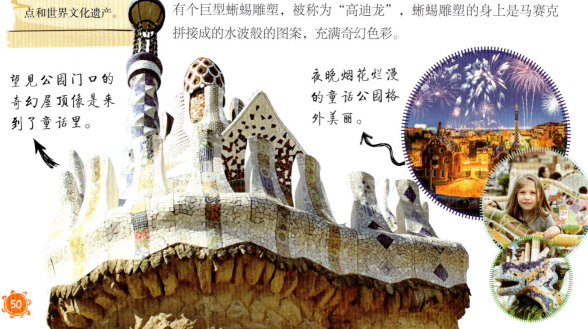

奇妙的米拉之家

如果你家四四方方的房子变成了一座波浪式的奇幻建筑，你会不会感到进入童话世界里了呢？高迪就设计了一座波浪造型的住宅——米拉之家。这幢建筑的外墙由白色的石材砌成，海藻模样的阳台栏杆是用扭曲回绕的铁条和铁板塑造的。当你乘坐电梯来到米拉之家的楼顶后，就会惊讶地看到许多造型奇特的雕塑。实际上，它们是用于通风的烟囱，烟囱盖被设计成面具等模样，抽象而别致。

高迪风格的马赛克牛

想象一下你家的房子变成波浪状的模样吧！

米拉之家

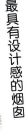

最具有设计感的烟囱

你知道吗

西班牙建筑大师安东尼奥·高迪（1852—1926）的设计灵感源于自然和幻想：海浪的弧度、海螺的纹路、蜂巢的格局、神话人物的形状，都是他酷爱采用的设计。他痛恨那些硬邦邦的直线，乐于用柔和的曲线和多彩的颜色来表达一切。

"洋葱头"和雪中宫殿

俄罗斯是世界上面积最大的国家。生长于广袤大地上的俄罗斯人性格豪迈，这种性格也反映在了这个国家的建筑上。教堂中浑圆饱满的穹顶，像极了战士们的头盔；气势恢宏的建筑群，像俄罗斯战士一样庄严霸气。

圣瓦西里升天教堂

彩色的"洋葱头"

没有比俄罗斯圣瓦西里升天教堂更像童话城堡的教堂了！它绚烂的颜色就像小女孩口袋里的彩色糖果，圆圆的房顶就像一颗颗可爱的"洋葱头"。看上去，它更像一个主题公园，而不是宗教建筑，里面应该睡着美丽的公主才对。为什么一座教堂会使用这样梦幻的色彩呢？因为圣瓦西里升天教堂是16世纪时的俄国人为了纪念喀山之战的胜利而建造的，所以除了有宗教意味之外，还有庆祝胜利的喜悦，没什么比彩色能更好地表达这种情绪了。

红星闪烁的克里姆林宫

位于莫斯科的克里姆林宫是俄罗斯总统的住所和办公地。它可不是一座通常意义的宫殿，而是一群建筑物，包括一些宫殿、教堂，以及塔楼、列宁墓、无名战士墓、兵器库、兵工厂、议会大厦等。塔楼上的红五星很有名，那是用红宝石做成的，镶嵌了金属边框，内置照明灯，在夜色里会化身闪闪的红星。

莫斯科克里姆林宫

🔥 俄罗斯有多少个克里姆林宫？

2019年，俄罗斯的普斯科夫学派教堂建筑被列入《世界遗产名录》，建筑以穹顶、门廊、钟楼等元素为特色。普斯科夫是个宝藏城市，它不仅是俄罗斯文学之父普希金的家乡，还保留着许多中世纪的城墙、石头堡垒和教堂。其中最著名的是圣三一大教堂，就在普斯科夫克里姆林宫的里面。克里姆林宫，不是在莫斯科吗？其实，俄罗斯有许多克里姆林宫！除了这两个，还有喀山克里姆林宫等十几个。克里姆林是俄罗斯封建时代列国统治者常驻城堡的统称。

圣三一大教堂

🔥 东西多得放不下了，女皇！

冬宫，曾经是俄国沙皇的宫殿。1762年，叶卡捷琳娜二世成为女皇。这位女皇了不得，特别喜欢收藏艺术品，在位的34年中，她收藏了成千上万的画作、书籍、硬币和纪念章。这些东西统统都收藏在冬宫。为了这些艺术品有足够面积的收藏场所，叶卡捷琳娜二世还先后在冬宫的旁边建造了小艾尔米塔什和旧艾尔米塔什。如今，这些都是艾尔米塔什博物馆的一部分。

冬宫

冬宫由意大利著名建筑师巴托洛米奥·拉斯特雷利设计，是18世纪俄国新古典主义建筑的杰出典范。

不可思议

冬宫的藏品非常丰富，数量多达270万件，其中包括约1.5万幅绘画，1.2万座雕塑，60多万幅版画和素描。达·芬奇、拉斐尔、伦勃朗、米开朗琪罗、凡·高、鲁本斯、毕加索等著名画家的作品，在这里都能看到。

最小的国家和最大的教堂

世界上面积最小、人口最少的国家是梵蒂冈，全称"梵蒂冈城国"。它的面积只有0.44平方千米，2020年常住人口仅600余人。这个迷你国家在中世纪时是教皇国的中心，后来教皇国土崩瓦解，大部分领土并入意大利，教皇在所剩的领土上建立了梵蒂冈。

6万人和30万人

梵蒂冈虽然小，却拥有世界上最大的教堂：圣彼得大教堂。它的总面积达2.3万平方米，可同时容纳超过6万人。教堂外面的圣彼得广场，则能同时容纳大约30万人。当然，它出名不仅仅是因为面积大，更因为它的设计者们知名度很高，拉斐尔、米开朗琪罗、贝尔尼尼等都是享誉世界的艺术大师。不得不说，文艺复兴时期的大师们太厉害了！比如达·芬奇不仅是著名的画家，而且还精通建筑学和城市建设，甚至还会设计武器。

教堂中的青铜华盖和米开朗琪罗设计的华美穹顶。

《哀悼基督》

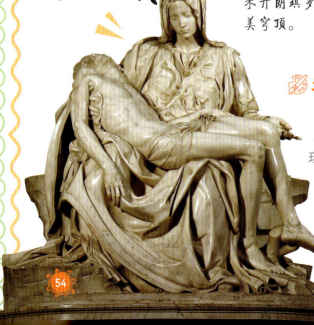

米开朗琪罗唯一签名的雕塑

圣彼得大教堂里布满了大师们的杰作，尤其是贝尔尼尼和米开朗琪罗的作品。这里面还有米开朗琪罗唯一签名的雕塑作品呢！它的名字叫《哀悼基督》，是米开朗琪罗年轻时创作的雕塑。圣母马利亚抱着耶稣的身体，流露出无限的悲伤。这种复杂的情绪，都被米开朗琪罗雕刻出来了。最后，他在圣母胸前的衣带上，刻下了自己的名字。

世界上最小的国家级博物馆

　　梵蒂冈博物馆，是世界上最小的国家级博物馆，面积约 5.5 万平方米，大约是北京故宫博物院面积的 1/13。但这里的藏品数量非常惊人，12 个陈列馆、5 条艺术长廊中，仅图书馆就藏有 50 余万册手稿、善本，还有来自古埃及、古希腊、古罗马的藏品。绘有《雅典学院》等许多名作的签字大厅、绘有米开朗琪罗的《创世记》和《最后的审判》的西斯廷教堂，都位于这里。

梵蒂冈的圣彼得广场，看上去像一枚钥匙。

画在天花板上的画

守卫梵蒂冈的士兵

　　《创世记》和《最后的审判》分别画在了梵蒂冈博物馆中西斯廷教堂的天花板和后墙上。由米开朗琪罗绘制的《创世记》，画幅约 500 平方米，共计 300 多个人物，每位男性都是美学中理想的力量型人物。后来，米开朗琪罗再次接受教皇的邀请，为西斯廷教堂创作了壁画《最后的审判》。两幅画放在一起看，从上帝创造人类和世界，到审判人类犯下的罪恶，故事上是完整连贯的。

《创世记》（局部）

上帝

亚当

充满谜题的奇迹

有些奇迹到底是怎么被创造出来的，至今也没有人能完全说清楚，它们是人类的未解之谜。快来看看这些充满谜题的奇迹吧！

复活节岛岛民被称为"拉帕努伊人"，岛上的巨像据说是他们已故首领的雕像。

纳斯卡巨画，外星人的手笔？

在南美洲秘鲁的纳斯卡荒漠上，有着由几千条直线、弯线纵横交错形成的"图案广场"。这些线条是土地表层的沙石被挖去，露出原始灰石层形成的。这里有种类繁多的动植物图案，令人惊叹，包括尾巴卷曲的长尾猴、圆肚突眼的亚马孙蜘蛛、展翅飞翔的蜂鸟和似乎在挥手问好的神秘人物……这些图像中最古老的距今约 3000 年，最晚的距今约 1000 年。人们至今也不知道这些巨画是谁创作的，也不知道这些巨画是做什么用的，又是如何被创作出来的。

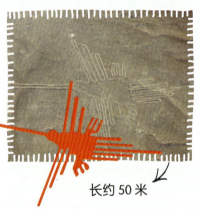

长约 50 米

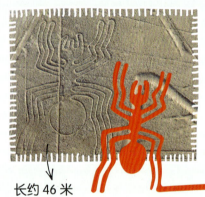

长约 46 米

你好！

长约 30 米

你知道吗

纳斯卡巨画的第一位发现者向别人讲述他的惊人发现时，别人以为他在说梦话。那是 20 世纪上半叶，一个飞行员飞过纳斯卡上空时无意间看到了巨画，他画下图案交给秘鲁博物馆，馆长一听而过。后来，有历史学家看到手绘图前去考察，才让全世界知道了巨画。

长约 110 米

复活节岛巨像

孤悬于南太平洋东部的复活节岛长期荒凉，却矗立着约 600 尊巨大的石雕人像。这些石像高 3 ~ 20 米，非常沉重。有的石像还带着巨石做的红帽子。雕像的火山岩取自小岛的火山口及周围地区，而岛上的拉帕努伊人生活原始，技术落后。不可思议的是，这些巨像分布于岛上的山坡和海边，难以想象这么多巨像是怎么被雕刻出来，又是怎么被带到这么远的地方的。

智利复活节岛

适合冲浪。

今天天气不错。

你冲一个我看看！

复活节岛上的巨像

最初发现巨像的欧洲人被吓了一大跳！那是 1722 年，荷兰探险家雅各布·罗格文正率领航船寻找传说中的大陆，突然发现了一座小岛，岛上站立着一排排"守岛士兵"。在紧张地做好军事准备之后，大家才发现那是数量众多的石雕人像。

蒂亚瓦纳科遗迹的未解之谜

在玻利维亚海拔 4000 米的荒凉高原上，一座废弃的城池给现代人带来诸多未解之谜。这是一座由巨大的石块构建起来的宏伟城池，其中有多尊人形雕像，雕像都有着一双大大的眼睛，面无表情，双手持神秘器物，仿佛是城市的守卫者。著名的太阳门是由一块巨大的山岩凿成的。门上刻着手握权杖、头部放光的太阳神。令人吃惊的是，每年秋分日，黎明的第一缕阳光总是从石门穿过，射向大地。难以想象，古代的建造者是如何掌握这么精确的天文学知识的。而整座城市，没有人知道是谁建造的，也不知道兴建的确切时间。

头好疼啊，不知道被谁削了一下。

站了几千年真的挺累，好想坐下来歇一歇。

玛雅的神秘古城和金字塔

在北美洲，神秘的玛雅文明吸引了无数学者进行研究，它是古印第安文明的代表，更是美洲文明的重要组成部分。虽然玛雅人生活在刀耕火种的新石器时代，但是他们在天文历法、数字推演、农业生产、艺术装饰及文字书写等方面取得了极高的成就，玛雅文明是人类早期文明的一颗"明星"。

"井口之城"奇琴伊察

"奇琴伊察"是"伊察人的井口"的意思，是玛雅伊察人以天然水井为基础建造起来的一座城市。因为缺水，所以这里的人们非常崇拜掌管雨水的羽蛇神和雨神恰克。在城市中央，矗立着巨大的库库尔坎金字塔。

库库尔坎是玛雅人对羽蛇神的称呼。库库尔坎金字塔是我们现在所能看到的早期玛雅文明金字塔，玛雅先民在这里迎接和庆祝羽蛇神的降临。金字塔高约30米，共九层祭坛，用土筑成。四周各环绕91级台阶，总共364级，再算上位于塔顶的羽蛇神庙，那就有365级了，刚好象征着一年的365天。

不可思议

玛雅人使用一种独特的货币——可可豆。玛雅各城邦的贸易是为了满足生活所需的物物交换，并不是为获得金钱。所以玛雅人没有严格规定货币的单位，而是将便于携带的物品作为象征货币，可可豆便"担此大任"。

△ 金字塔的"光影蛇形"

库库尔坎金字塔拥有一处叫"光影蛇形"的神秘景观。在建造之前，金字塔就经过了精心的设计，玛雅先民的建筑水平之高，由此可见。每当春分和秋分这两天的日落时分，北面台阶的边墙会在阳光的照射下形成弯弯曲曲的七段等腰三角形影子，连接着底部雕刻的蛇头，就好像一条巨蛇从塔顶向大地浮游爬动，象征着羽蛇神苏醒。更令人称奇的是，每一次这个幻象都持续 3 小时 22 分左右。而每当出现蛇影奇观的时候，玛雅人就欢聚在一起载歌载舞，来欢迎羽蛇神的降临。

玛雅人相信羽蛇神掌管雨水，能让他们五谷丰登。

△ 可怕的"圣井"

奇琴伊察的气候相对干旱，只有季风的到来才能带来雨水。石头城围绕着巨大的水井向外扩展。城中有两口直径 60 米左右的天然水井。其中一口井，玛雅先民用来饮水和灌溉农田，而另一口则作为"圣井"以祭祀雨神。在大旱的时候，玛雅人会献祭给雨神贵重的金器、玉器，后期甚至会残忍地献祭活人，希望感动雨神，尽快降雨缓解旱情。

玛雅"圣井"

看似平静的水面下潜藏着许多玛雅少女和青年勇士的冤魂。这些少女和勇士是玛雅人求雨的牺牲品，这种迷信的残忍令人震惊。

失落的阿兹特克和印加文明

阿兹特克文明、印加文明和玛雅文明并称美洲三大古文明。阿兹特克人生活的地方主要在今天的墨西哥；印加人生活的地方包括今天南美洲的秘鲁和智利等地。由于这些地方热带雨林多，人口不多，再加上后来西班牙殖民者的侵略，美洲的古文明便消失了，只留下文明的遗迹。

毁于一旦的大神庙

阿兹特克文明的代表性建筑特奥卡里大神庙，是供奉雨神特拉洛克和战神维齐洛波奇特利的金字塔形神庙。大神庙是阿兹特克文明的一座宝库，但令人遗憾的是，它被西班牙殖民者破坏殆尽，现在能看到的仅有塔基和石阶了。考古工作者发掘后看到，与其他文明的建筑不同的是，这座神庙之上还有神庙叠加，共有七层神庙，每一层都有战神和雨神的祭坛，规模很大。

战神 ←

雨神 →

你知道吗

阿兹特克人非常崇拜蛇，他们相信，蛇能够穿梭于神界和人世间，人可以试图通过蛇与神灵沟通。羽蛇神既是玛雅人的神灵，也为阿兹特克人所信奉。在他们心中，身披羽毛的羽蛇神能翱翔于天空，且拥有巨大的力量。

太阳金字塔和周围的金字塔都用沙石泥土垒砌，太阳金字塔的表面覆盖着大石板。

创造太阳和月亮神的地方

特奥蒂瓦坎的含义是"创造太阳和月亮神的地方"。公元1世纪末，特奥蒂瓦坎古城开始修建，在8世纪时突然消亡。虽然具体原因难以查找，但从城市遗址所留下的蛛丝马迹中发现，地下水资源枯竭或许是它消亡的重要原因。特奥蒂瓦坎古城的代表性建筑是太阳金字塔和月亮金字塔。

☀ 隐秘的"空中之城"

　　马丘比丘这座印加人的隐秘古城位于海拔2700多米处，有"空中之城"之称。耶鲁大学考古学家希拉姆·宾汉在1911年发现这一遥远而又庞大的古迹时，他确信自己成功地找到了印加人最后的避难所。自从西班牙征服者从印加人的首都库斯科赶走了印加国王之后，最后的印加人曾在这里继续生活。

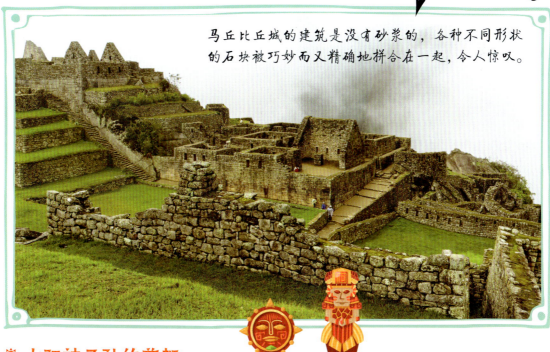

马丘比丘城的建筑是没有砂浆的，各种不同形状的石块被巧妙而又精确地拼合在一起，令人惊叹。

☀ 太阳神子孙的首都

　　秘鲁南部的城市库斯科，是古印加帝国首都，更是灿烂的古印加文化的摇篮。相传在12世纪，印加国王曼科·卡帕克迁都库斯科，建成了雄伟华丽的库斯科城，并以此为中心辐射开，建立了庞大的印加帝国。库斯科城的中心是阿玛斯广场——印加帝国举行庆典的场所。广场正中高高耸立着印第安人的全身雕像。几条狭窄的石铺路通向四周，街道两旁仍保留着尖顶茅屋，印加帝国的遗物从此处可见。

这里原本是印加帝国的太阳神殿，西班牙殖民者入侵库斯科后，摧毁了神殿，建起圣多明戈天主教堂。

美洲生动的巨石人像

美洲的近代文明历史并不长，但是美洲大陆的人民以热情、自由、开放的态度，接纳和包容了大量移民及他们带来的文化，这成了美洲文化的重要组成和一道亮丽的风景线。美洲有不少巨型石人像，这些巨型石人像年代或久远或不足百年，但无一例外，它们都在倾听或诉说着美洲人民的历史。

◎ 里约热内卢基督像

如果在巴西的里约热内卢游览，你会惊奇地发现，几乎在这座城市的任何地方，都能看到科尔科瓦多山上的基督像。从远处望去，基督像正面朝着广阔的大西洋，双臂平展，就像一个巨大的十字架。这座基督像是由法国雕刻家保罗·兰多斯基设计的，于1931年建成。修建如此庞大的雕像绝非易事，工匠们先在法国制造出各个大块构件，用黏土雕塑出头像和手，再用大货船运往巴西浇筑、组装。为此，人们还专门建造了一条运送建材上山的铁路。

甜面包山

基督像前方的山丘非常像一块美味的面包。

有人说我是外星人造的。

◎ 奥尔梅克巨像

1938年，墨西哥考古队因为一些流传已久的"传说"，开始在墨西哥湾沿海地区的拉文塔进行科考，队员们发现了在森林中屹立着的11个巨型人头雕像，其中最大的一个大概20吨重。

这些庞大的人物头像是做什么用的？它们会是奥尔梅克城的守护者吗？或者是当时奥尔梅克统治者的头像？奥尔梅克人留下的文明遗迹并不多，更不见文字记载。现代人只能通过两处遗址中发现的陶器、雕像去探寻奥尔梅克的秘密了。

◉ 自由女神像

　　自由女神当然是自由的象征，这座自由女神像，又称为"自由照耀世界"。它是法国在 1876 年送给美国的礼物，用来纪念美国独立 100 周年，于 1886 年落成。自由女神身穿古希腊风格服饰，所戴头冠有七道尖芒，象征世界七大洲及四大洋。女神右手高举的火炬象征自由，左手捧着刻有 1776 年 7 月 4 日（发表日期）的《独立宣言》，脚下是被打碎的锁链。这是一尊把技术和技艺完美结合的雕像作品。

《华盛顿横渡特拉华河》

雕像是雕刻家按妻子的身材、母亲的脸形设计的。

◉ 总统山雕像

　　在美国历史上，有四位非常值得尊敬的总统，他们分别是：乔治·华盛顿、托马斯·杰斐逊、西奥多·罗斯福和亚伯拉罕·林肯。为了纪念这四位总统，美国雕塑家格曾·博格勒姆率领 400 余位美国石匠工人从 1927 年到 1941 年，历时 14 年，在南达科他州的拉什莫尔山上雕刻了他们的半身雕像。每座雕像的高度均为 18 米左右，惟妙惟肖，很是壮观，再现了他们的风采。为了表示对四位总统的尊敬，拉什莫尔山禁止游人攀登。

四位总统的政绩

华盛顿打赢了独立战争，杰斐逊起草了《独立宣言》，西奥多·罗斯福反对垄断、修建了运河，林肯解放黑奴、赢得了内战。

"大贝壳"和远古岩画

除了可爱的袋鼠与考拉，澳大利亚还因其矿产丰富、绵羊数量众多而被称为"坐在矿车上的国家"和"骑在羊背上的国家"。在这片神奇的土地上，还有很多文明奇迹等待着我们去探访和追寻。

贝壳还是白帆船?

悉尼歌剧院坐落在开阔的悉尼港湾，三面临水。从高空鸟瞰，它的外观极像三组巨大的壳片。歌剧厅、音乐厅和贝尼朗餐厅是悉尼歌剧院的主要建筑。这三部分排列在三面环水的基座上，顶上均由"大贝壳"覆盖。"大贝壳"依次排列，一个覆盖着一个。这些高低不一的巨壳状建筑，在太阳下泛着洁白的光芒。远远望去，这群建筑不仅像排列着的巨型贝壳，还像巨型的白色帆船，所以悉尼歌剧院又有"船帆屋顶剧院"之称。

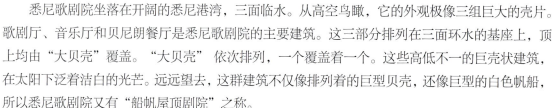

叹为观止

悉尼歌剧院自2009年起举办"缤纷悉尼灯光音乐节"，这是世界上著名的大型灯光、音乐和创意节日。这些灯光非常美丽，是使用嵌入了3D技术的灯光装置做出来的。灯光呈现的内容也五花八门，既有源于自然的创意，也有来自不同文化的灵感。

悉尼歌剧院的设计者是看到剥了一半皮的橙子想到的这个设计方案。

歌剧院侧景

岩画中的梦幻世界

澳大利亚原住民在这片古老的土地上至少居住了 4 万年之久，他们一直以原始的生活方式生存：打猎、采集。他们没有文字，除口口相传的故事外，岩画是原住民的先祖们生活方式及习俗的重要记录。岩画的内容千奇百怪，有的是蜿蜒曲折的石壁刻纹或直线凹痕；有的是远古的英雄和神灵；有的是神话中的蜥蜴、半人半猿像、半人半兽像；还有的是鱼、龟、鹰、袋狼等动物。

已经灭绝的袋狼

X 射线画

X 射线画是原住民创造的画法。这种画法画出了鱼类等动物的骨骼与内脏器官，就像是透过 X 光看到的。

爱吹奏迪吉里杜管的原住民

皇家展览馆和卡尔顿园林

为了 19 世纪 80 年代在墨尔本举办盛大的国际展览会，澳大利亚皇家展览馆和它附近的卡尔顿园林被特别设计。1851—1915 年，展览馆迎来了高光时刻，共有来自巴黎、纽约、维也纳、牙买加、智利等的 50 余场国际性大型展览在这里举办。2004 年，皇家展览馆和卡尔顿园林一起被联合国教科文组织列为世界文化遗产。获选理由之一是：皇家展览馆是澳大利亚现存唯一的一座 19 世纪的展览馆，也是世界范围内为数不多的 19 世纪的展览馆之一。

气势恢宏的皇家展览馆

绿树成荫的卡尔顿园林

专题 世界史中的古文明

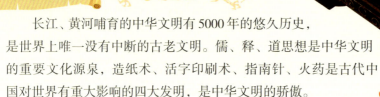

早期的指南针司南

中华文明

　　长江、黄河哺育的中华文明有 5000 年的悠久历史，是世界上唯一没有中断的古老文明。儒、释、道思想是中华文明的重要文化源泉，造纸术、活字印刷术、指南针、火药是古代中国对世界有重大影响的四大发明，是中华文明的骄傲。

印度舞蹈

古印度文明

　　古印度文明分为印度河文明和恒河文明。印度河文明又称哈拉帕文明，是青铜时代的城市文明，存在于约公元前 2350—前 1750 年间。恒河文明是以印度教思想为主流的文明。公元前 500 年左右，释迦牟尼佛创立了佛教，但佛教并未在印度本土长期兴盛。

古巴比伦文明

　　古巴比伦文明广义上不仅指巴比伦王国，而是约公元前 4000—前 500 年两河流域（幼发拉底河和底格里斯河）一带一系列文明的总称，包括古巴比伦王国和新巴比伦王国、亚述帝国等。著名的世界奇迹巴比伦空中花园是古巴比伦文明的代表之一。

古巴比伦战车

古埃及法老

古埃及文明

　　古埃及文明的发源地是非洲东北部的尼罗河流域。约公元前 3100 年，古埃及第一次完成统一，经历了许多王朝更替，后期先后被波斯、马其顿、古罗马帝国征服，公元前 30 年被并入古罗马的版图。金字塔、狮身人面像和古埃及神庙是古埃及文明的代表性建筑。

帕提侬神庙

古希腊文明

古希腊是欧洲文明的摇篮，位于欧洲南部，地中海的东北部，持续了约2850年（约公元前3000—前146年）。古希腊人在哲学思想、历史、建筑、文学、戏剧、雕塑等诸多方面达到了很高的水平。宙斯、雅典娜等都是古希腊神话中的神明。

古罗马文明

古罗马是从公元前8世纪中期开始在意大利半岛中部兴起的文明。恺撒、屋大维都是古罗马的著名统治者。罗马竞技场是代表了古罗马最高建筑水平的宏伟建筑，角斗士就是在这里进行生死搏斗的。

罗马竞技场

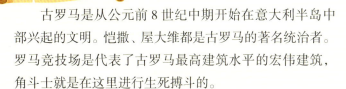

玛雅文明

神秘的玛雅文明形成于公元前3世纪之前，16世纪西班牙殖民者的到来彻底打断了这个文明独立发展的道路，并导致玛雅文明消亡。玛雅人擅长天文学和数学研究，玛雅历法非常精确。但后期玛雅人杀死活人来献祭神灵，血腥而恐怖。

玛雅人祭之神

阿兹特克文明

我的强大超乎你的想象。

阿兹特克文明是一个活跃在13—16世纪的墨西哥古文明。阿兹特克人的手工业较为发达，能制造各种出色的手工艺品，能制造铜器，掌握铸造、压印金器和以宝石镶嵌装饰品等技术。

阿兹特克武士

印加文明

印加文明是南美洲的古文明。之所以叫印加文明，是因为他们统治者的尊号叫"印加"，是太阳之子的意思。他们擅长冶炼黄金等各种金属，崇尚黄金并且大量使用黄金，其帝国被称为"黄金帝国"。

自称"太阳之子"的印加王

古代七大奇迹　　VS　　新七大奇迹

胡夫金字塔

这座法老胡夫的巨大陵墓是唯一矗立至今的七大奇迹。

万里长城

长城是保卫华夏百姓生活安宁的重要军事防御工程。

空中花园

传说这是新巴比伦国王尼布甲尼撒二世为其王妃修建的。

阿耳忒弥斯神庙

这是供奉古希腊神话中的月亮和狩猎女神的典雅神庙。

泰姬陵

这是古印度皇帝沙贾汗为心爱的妃子蒙泰姬修建的美丽陵墓。

奥林匹亚宙斯巨像
奥林匹亚宙斯巨像是雅典雕塑家菲迪亚斯的杰作。

罗马竞技场
这里曾上演角斗士之间、角斗士与野兽之间的生死搏斗。

摩索拉斯陵墓

这是卡里亚帝国（今土耳其境内）国王摩索拉斯的陵墓。

马丘比丘

这座美洲印加帝国的隐秘古城被誉为"空中之城"。

罗得岛太阳神巨像

这是古希腊罗得岛的岛民为庆祝战争胜利而铸造的青铜巨像。

佩特拉古城
依山而建的佩特拉古城曾经非常繁华，如今却已废弃。

里约热内卢基督像
这座30多米高的巨像是巴西里约热内卢最著名的标志。

亚历山大灯塔

它曾在埃及的法罗斯岛上为往来的船只指明方向。

奇琴伊察

供奉羽蛇神的库库尔坎金字塔就位于这座玛雅古城遗址中。